BEI GRIN MACHT SICH IHR WISSEN BEZAHLT

- Wir veröffentlichen Ihre Hausarbeit, Bachelor- und Masterarbeit
- Ihr eigenes eBook und Buch - weltweit in allen wichtigen Shops
- Verdienen Sie an jedem Verkauf

Jetzt bei www.GRIN.com hochladen und kostenlos publizieren

Bibliografische Information der Deutschen Nationalbibliothek:

Die Deutsche Bibliothek verzeichnet diese Publikation in der Deutschen Nationalbibliografie; detaillierte bibliografische Daten sind im Internet über http://dnb.d-nb.de/ abrufbar.

Dieses Werk sowie alle darin enthaltenen einzelnen Beiträge und Abbildungen sind urheberrechtlich geschützt. Jede Verwertung, die nicht ausdrücklich vom Urheberrechtsschutz zugelassen ist, bedarf der vorherigen Zustimmung des Verlages. Das gilt insbesondere für Vervielfältigungen, Bearbeitungen, Übersetzungen, Mikroverfilmungen, Auswertungen durch Datenbanken und für die Einspeicherung und Verarbeitung in elektronische Systeme. Alle Rechte, auch die des auszugsweisen Nachdrucks, der fotomechanischen Wiedergabe (einschließlich Mikrokopie) sowie der Auswertung durch Datenbanken oder ähnliche Einrichtungen, vorbehalten.

Impressum:

Copyright © 2011 GRIN Verlag, Open Publishing GmbH
Druck und Bindung: Books on Demand GmbH, Norderstedt Germany
ISBN: 978-3-668-07275-6

Dieses Buch bei GRIN:

http://www.grin.com/de/e-book/308542/rueckbesinnung-auf-das-mittelalter-im-19-jahrhundert-der-kuenstler-william

Claudia Stosik

**Rückbesinnung auf das Mittelalter im 19. Jahrhundert.
Der Künstler William Morris und die Glasmalerei**

Eine Lernzusammenfassung

GRIN Verlag

GRIN - Your knowledge has value

Der GRIN Verlag publiziert seit 1998 wissenschaftliche Arbeiten von Studenten, Hochschullehrern und anderen Akademikern als eBook und gedrucktes Buch. Die Verlagswebsite www.grin.com ist die ideale Plattform zur Veröffentlichung von Hausarbeiten, Abschlussarbeiten, wissenschaftlichen Aufsätzen, Dissertationen und Fachbüchern.

Besuchen Sie uns im Internet:

http://www.grin.com/

http://www.facebook.com/grincom

http://www.twitter.com/grin_com

Die Rückbesinnung auf das Mittelalter im 19. Jahrhundert
- dem Zeitalter der Moderne -
Ursachen, Erklärungen, Konsequenzen

dargestellt am Beispiel der mittelalterlichen Glasmalerei, welche im 19. Jahrhundert eine zweite Blüte erlebte - speziell erläutert am Leben und Schaffen des Künstlers William Morris

Exposé zur mündlichen Prüfung zu den Kursen:
Die europäische Moderne aus geschichts- und literaturwissenschaftlicher Perspektive; Grundlagen der Geschichtswissenschaft/ Literatur u. Literatur als Moderne

Masterstudiengang Europäische Moderne Geschichte und Literatur: Modul 1E

vorgelegt von
Claudia Stosik

Lehrgebiet Geschichte und Gegenwart Alteuropas

1. **Einleitung**

    Weshalb gerade kam es im Zeitalter der Moderne im 19. Jahrhundert zu Rückprojektion und Erinnerung an das Mittelalter?

2. **Die Moderne als Fortschritt und Beschleunigung des Lebensalltag**

    2.1 Aspekte der Moderne

    2.2 Das lange 19. Jahrhundert
    die Zeit zwischen der französischen Revolution
    von 1789 und dem Beginn des Ersten Weltkrieges 1914

    2.3 Traditionen der Vormoderne – Kontinuität bis in die Moderne

3. **Mittelalterliche Ideale und Vorbilder – Die mittelalterliche Stadt**

    3.1 Die mittelalterliche Stadt in der Epoche der Gotik – Beispiel Kathedralen

    3.2 Glasmalerei und sakraler Raum – Beweggründe, Funktion und Motive der Bildfenster

    3.3 Typen von Glasfenster

4. **Wiederaufleben und Romantisierung des Mediävismus**

    4.1 Neugotik als Stil und geistiger Impuls von England ausgehend

    4.2 Die Zweite Blüte der Glasmalerei im 19. Jahrhundert

    4.3 Der Künstler William Morris und seine Bedeutung im 19. Jahrhundert

    4.3.1 Gegensätze: Morris´s Mittelalter-Rezeption – Aspekte des Industriezeitalters

    4.3.2 Farbige Glasfenster in Kirchen Englands

5. **Fazit**

1. Einleitung

Weshalb gerade kam es im Zeitalter der Moderne im 19. Jahrhundert zu Rückbesinnung und Erinnerung des Mittelalters?
Die erinnerungskulturellen Aspekte im 19. Jahrhundert umfassten vielfältige Ursachen. Das frühe 19. Jahrhundert war so sensibel wie keine andere Zeit für das historische Empfinden und die Erinnerung an das vormoderne Epoche des Mittelalters.
Die Auseinandersetzung mit der Vergangenheit brachte das Fremde und Verlorene näher, aber auch das Ähnliche und Verwandte wurde aufgezeigt. Durch die vertiefte Reflexion und Rezeption über das Mögliche und die gegenwärtige Bezugnahme wurden Zusammenhänge sichtbar.
Die Romantisierung vergangener Zeitepochen wie das Mittelalter, die Epoche der Romantik wurde danach benannt, ist eine Gegenströmung des aufklärerischen Gedankengutes und des naturwissenschaftlichen, religiösen sowie politischen und ökonomischen grundlegenden Erfahrungswandel der Gesellschaften in Europa in der frühen Neuzeit. Mittelaltersehnsucht bezog sich auf Sehnsucht nach Kircheneinheit wie vor der Reformation – vor allem in katholischen Kirche – reine katholische Kirche als Einheit der Christenheit. Verklärung der guten alten/ verlorenen Zeit. Umbrüche in der Gesellschaft nach französischer Revolution und nach der folgenden Napoleonischen Zeit – Wiener Kongress – Zeit der Restauration = Wiederherstellen Wollen der alten Verhältnisse sowie Industrialisierung und Verstädterung.

2. Die Moderne als Fortschritt und Beschleunigung des Lebensalltag

2.1 Aspekte der Moderne
Ökonomisierung
Staatenbildung
Bürgertum
Beschleunigung
Verzeitlichung

2.2. Das lange 19. Jahrhundert – die Zeit zwischen der französischen Revolution von 1789 und dem Beginn des Ersten Weltkrieges 1914

2.3 Traditionen der Vormoderne – Kontinuität bis in die Moderne
Was und wodurch ein „Ende" bzw. wie das Mittelalter überwunden werden konnte, um es zu „diagnostizieren".
Was musste zu Ende gehen, wenn das Mittelalter zu einer Sache der Vergangenheit werden sollte?[1]

---

[1] Anmerkung: Kapitel 2.1 beinhaltet nur die wichtigsten Aspekte ohne ausführliche Erklärung, Kapitel 2.2 und 2.3 werden ebenfalls nicht ausführlich dargestellt, da der Schwerpunkt der Arbeit auf Kapitel 3 und 4 liegt bzw. in diesen Kapiteln Antworten für Fragen von Punkt 2 gegeben werden.

3. Mittelalterliche Ideale und Vorbilder – die mittelalterliche Stadt

3.1 Die mittelalterliche Stadt in der Epoche der Gotik – Beispiel Kathedralen

- Das 12. Jahrhundert ist eine Zeit des Umbruchs/Aufbruchs und der Erneuerung.
- Die Kultur der lateinischen Christenheit war gefestigter als in früheren Epochen.
- Erneuerungen gab es in verschiedenster Hinsicht, hier im Kontext –
die geistliche Erneuerung: Zuwachs an Klöstern, neue Frömmigkeit, monastische Ideale und vielfältiges religiöses Leben → Die Verschriftlichung und Verrechtlichung war ein wesentlicher Motor
- in architektonischer Hinsicht:
Licht und Farbe spielte eine große Rolle.
Um 1140 Aufkommen der Gotik – Erneuerung und Vereinfachung in der Darstellung von Figuren (Säulenfiguren)
- Die Bilderfolge lässt sich klar ablesen – das hat auch mit der neuen theologischen Sichtweise der Scholastik zu tun, der Tendenz zur Vermenschlichung der Heilsbotschaft.
- In Paris Hugo v. St. Victor – neue Wissenserschließung durch Lesen und Meditieren. Die Verbindung des religiösen Lebens mit öffentlicher Lehre, Schule in St. Victor auch für Nicht-Konvent-Mitglieder.
- In Frankreich wurde die Kathedrale St. Denis in Paris erstmals neuer sakraler Anspruch des Kirchengebäudes → Lichtbau = Theologie des Lichts.
- Die Kathedralen verkörperten Wohlstand und Bürgerstolz.
- Die Konkurrenz unter Bischöfen in Frankreich war groß – Repräsentation von noch größeren und prächtigeren Bauten. Konkurrenz auch der Geschäftsleute – Schenkungen, um die Seele von Sünden frei zukaufen. Macht zu zeigen, in Form der Kathedralen – z.B. in Chartre wollte jede Innung der Stadt ein eigenes Fenster haben → um Gott zu verherrlichen und Wohlstand zu legitimieren durch Schenkungen, Stiftungen

3.2 Glasmalerei und sakraler Raum – Beweggründe, Funktion und Motive der Bildfenster

- Das Licht spielte eine große Rolle.
- Die Kathedralen bekamen große Fenster.
- Licht, welches in die Kirche strahlte, bedeutete ein Abbild Gottes.
- Licht verbindet die himmlische und die irdische Welt.
- Nach christlichen Glauben ist Licht ist identisch mit Jesus. Im NT (Neuen Testamtent) steht im Prolog des Johannes: „aus dem Licht löst sich das Wort, kommt auf die Erde, wird Fleisch.
- Tendenz zur Mystik – einer neuen Richtung der Frömmigkeit auf der Suche nach dem Sinn der Welt und der Wahrheit. Diese geistige Bewegung veränderte auch die Formensprache als Ausdruck der Geschichte des gelebten Gottes- und Menschenbild
- In der Mystik des Christentums: Polarisieren von Licht und Finsternis – Christus ist der Glanz, die Ausstahlung, der in die Finsternis der Welt hineinwagt.
- In der Anschauung des Mittelalters manifestierte sich Gott selbst im Licht, umgekehrt ist das Licht das Mittel, durch welches Gott erkannt wird.
- Licht, statt bemalte Wände wie in der Romanik.
- Licht ist schöpferisches Prinzip. Die Lichtstrahlen ergeben eine mystische Atmosphäre des Raumes. Lux continua = ununterbrochenes Licht
Wie schon erwähnt, gab es Konkurrenz unter den Bischöfen, beispielsweise ließ der Erzbi-

schof von Reims im Kirchenfenster ein Abbild vom eigenen Bildnis anfertigen.
- Die Bildinhalte und die Funktion im Raum gehören immer zum geistigem Motiv der Epoche. Es sind keine Erfindungen.
- Die Fenster weisen Variationsbreite auf, das Licht ist unmittelbarer Ausdruck Gottes. Im Fenster wird Gott Gestalt. (Scholastik).
- Die Glasmalerei scheint das Transzendentale zu verkörpern.
- **Ein Bildtyp sind die Bibelfenster.** Die scholastische Theologie ist die Erfindung der Bibelfenster. Sie passen sich immer der Theologie der jeweiligen Zeit an.
- Im Kern sind die Bibelfenster immer gleich. Im linken Fenster werden Bilder aus dem alten Testament dargestellt z.b. Vorbilder, Ankündigungen und Weissagungen und deren Verwirklichung des Heilsplanes Gottes. Und im rechten Bibelfenster werden Typen des NT dargestellt. Die Bibelfenster gehören zur kanonischen Ausstattung der Kirche, ihr Platz ist über dem Hauptaltar bzw. im Ostfenster des Chores.
- Es gibt auch typologische Bildprogramme. Als Beispiel ist Frankfurt/Oder die Marienkirche zu nennen, wo in drei Fenstern ein komplettes Programm thematisch abgehandelt wird. Links das Schöpfungsfenster, Mitte das Bibelfenster und rechts das Antichristfenster.
- Die Bildfenster waren kostspielig und gingen fast nur auf Einzelstiftungen zurück. Nur wenn der Stifter viel Geld hatte, dann konnte er mehrere Fensterspiegel stiften, aber in der Regel nur einzelne Fenster.
- Die Stifterfiguren wachsen in der Größe im Laufe der Zeit. Das Verhältnis von Stifter und Schutzpatron (Heilige) ändert sich. Im 15. Jahrhundert ist der Stifter schon so groß wie der Patron. (Heilige).
- Herrscherfenster imponieren durch Größe, welche politische Manifestation darstellt. Der König ist von Gottes Gnaden eingesetzt und untersteht seinem direkten Schutz.
- Während des gesamten Mittelalter ist die Glasmalerei allgemein Ausdrucksmittel der europäischen Kunst. Ist allgemein auch eine gemeinsame „Sprache" in ganz Europa. Kunst ist im Mittelalter in erster Linie handwerkliche Kunst und wird nicht als freie Ausdrucksform des Künstlers verstanden. Die Kunst war nicht selbstbestimmt. (autonom)
- Mit dem Beginn der Barockzeit ist ein Rückgang der Glaskunst zu verzeichnen, zum einen hellere und andere Farben und zum anderen weil man in der Barockzeit allgemein die Gotik scheußlich fand.
- Die Neugotik begann um 1750 in England und Deutschland, zu einer Zeit, da Aufklärung und Klassizismus die Verachtung des Mittelalters und seiner Kunst auf die Spitze getrieben hatten. Ihr Apologet war Johann Wolfgang von Goethe mit seinem 1772 verfassten Aufsatz „Von Deutscher Baukunst" - geschrieben im Erleben des Straßburger Münsters.

3.3 Typen von Glasfenster

<u>Es gibt drei Typen von Glasfenster.</u>

a) <u>das Architekturfenster</u>
- Hauptimpuls für die Entwicklung neuer Bildgedanken war die Auseinandersetzung der Glasmalerei mit dem Faktum ihrer Bindung an die Architektur.
- Die Bildfenster übernahmen die Funktion von Mauern.
- Die sakralen Gebäude werden so scheinbar durchlässiger und schaffen eine Verbindung zu Gott. ▶ Auflösung von Wandfläche – raumeigenes Leuchten
- Lichtmystik = schmaler Tempel (Pfeiler) als Lichtführung
- Die Bildfenster aus Glas besaßen eine architektonische Funktion. - das Verhältnis Fenster zur Wand.
- In romanischen Kirchen hatten die Fenster nur die Funktion eines „Lochs".

- Der gotische Bau repräsentiert. Die Fenster sind eine Füllwand zwischen Architektur und Glasfläche.
- Das Bildfenster wird in die gebaute Architektur mit hineingebracht und weitergeführt.
- Ab Mitte des 14. Jahrhunderts gibt es eine Veränderung, das Bild wird plastisch und entwickelt ganz verschiedene Bildräume, verschachtelt mit unterschiedlichen Perspektiven.
- Formen der Architektur übernehmen die zeitgenössische Dekorationssysteme oder umgekehrt. Anfang des 15. Jahrhunderts bevorzugte man hellere Farben, nicht mehr das mystische Dämmerlicht und starke Farben, sondern helles klares Licht. Führte dann zum Untergang der Glasmalerei.

b) Das Medaillonfenster – Bezug zur Buchmalerei
- Sie bestanden bis zum Ende der Glasmalerei.
- Besonders in Frankreich gab es eine große Vielfalt. In Deutschland wurde eher das regelmäßige Raster beibehalten.
- <u>Medaillonfenster</u> waren beliebt, weil sie anschaulich waren und auch aus großer Höhe gut zu erkennen waren.
- Man beabsichtigte das Schönste und Kostbarste zu Gott in die Höhe zu bringen.
- **Die Engel** halten den Rahmen. **Die Engel** hatten Bedeutung, weil erst durch sie das Heilsgeschehen möglich sein würde. Beispielsweise Engel Michael war die Allmacht Gottes, Gabriel die Stärke Gottes und Raffael die Heilkraft Gottes.
- Die Medaillonfenster waren ein vielfältiger wie auch mathematisch klarer Komplex von Formen, welche zu einer größeren Einheit gelangen.
- Diesen formalen Schema hatten sich die Darstellungsinhalte wie Heiligenlegenden, Gleichnisse oder die Heilige Schrift einzufügen.
-

c) das Ornamentfenster – ornamentale Verzierungen im Hinblick auf eine bestimmte Stilepoche

4. Wiederaufleben und Romantisierung des Mediävalismus

- Die Erfahrung der Beschleunigung des Wandels auf allen Gebieten wie Industrialisierung und Verstädterung, wie überhaupt die Dynamisierung aller Lebensumstände bedingten einen „Traditionsschwund", und als Gegensatz eine Zukunftsungewissheit. Die Konsequenz durch die wachsende Komplexität ist u.a. eine Desorientierung weiter Bevölkerungskreise, die Folge das Bedürfnis nach Kompensation, die Sehnsucht nach Dauer und Bestand, nach Zusammenhalt, Einheitlichkeit und Harmonie.

- Konservatismus und Zuwendung zu alten Werten besonders zu denen des Mittelalters war eine der Entwicklung und Aufarbeitung, um die Wirklichkeit zu verarbeiten. Gegenüber der so gesehenen Wirklichkeit feierte die Romantik die mythische Welt der Religion, sah daher im Mittelalter die ideale Zeit der Geschichte, da damals die Menschen im christlichen Glauben geeint gewesen seien. Die Rückbesinnung auf das Mittelalter ist eine der wesentlichen Aspekte der englischen wie überhaupt der europäischen Romantik. Man versprach sich mit ihrer „Hilfe" die alte Gottesnähe wiederzuerlangen und der Entchristlichung entgegen zu wirken.

- Die Romantik berief sich auf Ursprünglichkeit und Unverfälschtheit mittelalterlicher Kunst und Literatur als Ausdrucksträger ihrer Vorstellung von Natürlichkeit. Der Rückgriff entsprach auch auf Besinnen der heimischen Traditionen, die Suche nach den eigenen geistigen Wurzeln, dem wachsenden **Nationalbewusstsein**.

- Der Nationalbegriff war im frühen 19. Jh. weniger konservativ ausgerichtet, sondern eher national identitätsstiftend (Freiheit und Einheit). Angehörige des Adels wie des Bürgertums hofften im Rückgriff auf angebliche Blütezeiten des Reiches im Mittelalter Orientierungshilfen zur Bewältigung zeitgenössischer Krisenerscheinungen zu erlangen und die Erfolge der Vergangenheit zu wiederholen.
- Durch das gesteigerte Interesse an den politischen, religiösen und sozialen Strukturen des Mittelalters (historische Roman spielt auch eine Rolle), spiegelte sich das Bemühen um gesellschaftliche Erneuerung. Die Basis war keine exakte historische Einschätzung des Mittelalters, sondern weitgehend idealisierte Sicht der Vergangenheit. Es ist nicht nur der Wille zum eigentlichen Historischen, der zum Wiederaufleben des Mittelalter führte, es ist eher das Ferne und das Unergründliche.

4.1 Neugotik als Stil und geistiger Impuls von England ausgehend

- Die Neugotik ist das Signal der antihumanistischen Gesinnung.
- Der Humanismus der Renaissance hatte die Gotik verworfen und setzte dagegen eine Kunst der festen auf den Menschen bezogenen Maße des Umgrenzenden.
- Die Neugotik (Gothic revival) gab es als architektonische Erscheinung schon im 18. Jh. - es existierten Schlösser und Landhäuser im gotischen Baustil von wohlhabenden Aristokraten, welcher dann auch öffentlicher Baustil wurde
- Der Landsitz als künstlerisches System als Präsentation. Auch dort schon Rückgriffe z.B. Klassizismus, Italien. Besitzer nach Feudalherren im 15. Jh., zunehmend Kaufleute, Adel, Politiker. Selbstdarstellung, aber auch für eine begrenzte Öffentlichkeit zugänglich (musealer Charakter) Anfang des 18. Jh. Vergegenwärtigung eines idealisierten Mittelalterbildes im Kreis der Liberalen.
- Wenn ein Gartengrundstück zufällig auf der Stelle eines historischen Ereignisses angelegt ist, werden Assoziationen zwischen Baustil und Ereignis geschaffen. Im Rückbesinnung an dieses Ereignis wird anhand des Baustiles Bezug genommen.
- Die prinzipiellen Werte der frühliberalen Geschichtsauffassung von individueller Freiheit, staatlicher Unabhängigkeit und religiöser Toleranz verbanden sich hier explizit mit der Wahl des gotischen Baustils.
- Ab Anfang des 19. Jahrhundert existierte ein verstärkter Bau von Kirchen vor allem im gotischen Baustil. (Bemerkung: klassizistische Bauten wären teurer gewesen als der verwendete Backstein für die Gotik).
- Ein Architekt namens PUGIN sah den künstlerischen Weg und Wert der Gotik und Neugotik vom ethisch-religiösen Standpunkt des Zeitgeistes abhängig.
- Er leitete eine neue Phase der Neugotik ein, indem er an Rückbesinnung zu geistiger Haltung der mittelalterlichen Frömmigkeit appellierte, um das Ethos wieder entstehen zu lassen, aus dem die großen Gotteshäuser des Mittelalters entstanden waren.
- Das war natürlich religionspolitischer Zündstoff. PUGINS Idee der Erneuerung der Architektur aus dem religiösen Geist des Mittelalters heraus, fiel zusammen mit der Oxford Bewegung (Oxford Movement ca. 1840).
- Die Auseinandersetzung war die Verurteilung der Reformation und ihrer Folgen, speziell gegen den „Papismus". (abwertend für Anhänger des Papsttums)
- Das Ziel war die Rückkehr zur ursprünglichen persönlichen Frömmigkeit und Rückkehr zum alten Ritus mit Symbolik.
- Dazu brauchte man Kirchen, die den Erfordernissen der alten Liturgie entsprachen.
- Die Inspiration aus der katholischen Kirche schöpfen, welche die einzig wahre Kirche sei, so PUGIN, der zum Katholizismus konvertierte.
- In den Werken PUGINS werden die Städte im 14./15. Jahrhundert mit der Gegenwart vergli-

chen und dabei positionierte er sich für die „harmonische christliche Stadt" im Gegensatz zur neuzeitlichen Stadt. - Kirchen sind zu Ruinen geworden oder zweckentfremdet worden, Konkurrenz religiöser Gruppen, Fabrikschornsteine, Industrialisierung, Arbeitshaus und Gefängnis bildeten das Elend einer unmenschlichen Massengesellschaft.
- William Morris orientierte sich auch an Pugins Schriften und Traktaten.

4.2 Die Zweite Blüte der Glasmalerei im 19. Jahrhundert

4.2.1 Die Erneuerung aus künstlerischer und praktischer Hinsicht

- Die Wiederbelebung der Glasmalerei ging mit dem Interesse an alten Glasmalereien einher, die nun restaurierungsbedürftig waren. (Gerade im frühen 19. Jh. = Interesse für vorhande Bauten aus dem Mittelalter)
- 1. Restauration von vorhandenen Objekten
- 2. ab ca. Mitte des 19. Jh. verstärkter Kirchenneubau, in dem Glasmalerei zunehmend an Bedeutung gewann.
- Die Glasmalerei war ein Ausdrucksmittel der Romantik und in der Folge des Historismus.
- **Der Historismus** entwickelte sich als stilistisches und geistesgeschichtliches Phänomen auf dem Boden der Romantik, die sich ihrerseits gegen den Rationalismus der Aufklärung des 18. Jahrhunderts wandte.
- Auflehnung gegen rationalistischen Gottesdienst + Gottesdienstraum mit seiner Verarmung an äußeren Formen und Einheitsraum.
- Daraufhin hin Eisenacher Regulativ von 1861 für protestantische Kirchen: Man orientierte sich wieder an vorreformatorischen Stil. „Die Würde des christlichen Kirchenbaues fordert Anschluß an einen der geschichtlich entwickelten christlichen Baustile"
- Mit dem Aufbruch in die Moderne wurde die Glasmalerei von allen traditionellen Bindungen befreit und überwiegend zum individuellen persönlichen Ausdrucksmittel.
- In England war die Tradition der Glasfenster nicht unterbrochen wie in Deutschland. So hatte sich auch im 19. Jahrhundert ein sicheres Gefühl für das Farbniveau bewahrt.
- Aus alten Kirchenfenstern wurden die Glasteile neu verwendet und neu eingebaut als schmückende Funktion der Versatzstücke.
- Was im Mittelalter ersetzt wurde, wurde weggeschmissen und deshalb gibt es keinen großen Bestand an mittelalterlichen Glasfenstern.
- Die vorhandenen gotischen Glasteile waren im schlechten Zustand, teils verwittert und deshalb statt ehemals heller Farben verschmutzt und nachgedunkelt.
- Es bewirkte die Vorstellung vom mystischen Halbdunkel analog der Auffassung vom finsteren Mittelalter.
- Die Nachfrage zur verlorenen, gewesenen Kunst stieg und es gab viele Handbücher als Anleitung zur „wiederentdeckten" Glasmalerei.
- Um besser als die „Alten" zu sein, wurden neue Herstellungstechniken entwickelt. Antikglas aus England fand große Resonanz.
- Das sogenannte Kathedralglas für ornamentale Verglasungen war gefragt und führte zu Massenproduktion.
- Das Interesse für die Ausschmückung von Bauten der Vergangenheit war geweckt und die Glasmalerei hielt Einzug in sakralen Bauten, Treppenhäusern und Wohnzimmern.
- Vorhandenes wurde restauriert und komplettiert und es entstanden Neuschöpfungen. Die farbige Verglasung für neue Kirchen verursachten hohe Kosten, aber die Konkurrenz belebte das Geschäft und wurde preisgünstiger.
- Inzwischen hatte das Ideal der Neugotik viele Befürworter und die ganzheitliche Ausstattung von Kirchen und anderen öffentlichen Einrichtungen sollte ein Gesamtkunstwerk dar-

stellen.
- Die doktrine Neugotik ließ eigene Kompositionen kaum zu und der Rückgriff für die Motive orientierte sich an der Früh- und Hochgotik.
- In England und Deutschland bevorzugte man als Leitmotive das 14. Jahrhundert. Die Nachahmung und das Kopieren großer Meister war üblich. An erster Stelle stand Albrecht Dürer.

4.2.2 Die Erneuerung aus retrospektiven Beweggründen resultierend aus Widersprüchen der erlebten Gegenwart

- Triebfeder zur Erneuerung der monumentalen Glasmalerei im 19. Jahrhundert war die romantische Hingezogenheit zur Kunst des Mittelalters.
- Mit dem fortschreitenden Jahrhundert traten an die Stelle der gefühlsbetonten und verschwommenen Gesamtvorstellung vom Mittelalter, welches die Romantik pflegte, die Hinwendung auf der Grundlage des Historismus.
- Das künstlerische Leitbild des Mittelalters stand im Widerspruch hinsichtlich der Umsetzung des Gesamtbildes.
- Die Motive, des am Mittelalter orientierten Gesamtkonzepts standenn nicht im Einklang mit der Grundhaltung hinsichtlich der Religion, der politischen Situation und der gesamten gesellschaftlichen Situation.
- Die Kunst oder besser die Aussage des Bildes war nicht mehr ausschließlich auf religiöse oder moralische Prinzipien angelegt, sondern schöpfte ihre Form aus sich selbst.
- Es existierte eine andere Sichtweise auf die Kunst, eine veränderte Wahrnehmung
- Es gibt kein starres Schema der Glasmalerei des 19. Jh. - Sie ist in der stilistischen wie künstlerischen und technischen Entwicklung sehr facettenreich und differenziert aufgetreten.
- Bis 1845 künstlerisch hochrangige Objekte sehr nuancenreich gemalt und
- nach 1845 routinierter und perfektere Malweise, Landschaftshintergründe verlieren sich zugunsten mosaikhafter Ornamente.
- Im Unterschied zum lichtdurchfluteten Einheitsraum des 18. Jh. bevorzugte man eine mystische Atmosphäre. Farbige Fenster sollten dem Raum nur gebrochenes und gedämpftes Licht zuführen, um den Stimmungsgehalt zu steigern.
- Beispiel Neubau von Kirchen im neugotischen Stil unter Einhaltung der Abstimmung von Liturgie und Raum sowie teils mystischer Ausgestaltung.
-

4.3   Der Künstler William Morris und seine Bedeutung im 19. Jahrhundert

- William Morris war einer der vielseitigsten Künstler in England des 19. Jahrhunderts, der die Kunst seiner Zeit von Handwerk her erneuern wollte, da er den Geschmacksverfall in Zusammenhang mit der Auflösung des Handwerkerstandes infolge der Industrialisierung brachte.
- Er lebte von 1834 bis 1896.
- Morris spürte die innere Berufung, Pfarrer zu werden, auch bedingt durch die zeitgenössischen Widersprüche.
- In Oxford studierte er Theologie. Die Kirche Englands verhielt sich indifferent zu den sozialen Problemen der Zeit und es mangelte an sozialer Verantwortung. Sie war eher metaphysisch ausgerichtet als sich den irdischen Gegebenheiten zu öffnen. Das bewirkte die Abkehr vieler Arbeiter von der Religion.
- Ursprünglich wollte Morris Architekt werden, beschäftigte sich aber trotzdem zeitlebens mit dem Studium der Baukunst besonders mit der mittelalterlichen Architektur.
- In der Gotik sah Morris den Höhepunkt der Architektur entwickelt.

- Seinen Beschluss, Architekt zu werden, gab er zugunsten der Tätigkeit als Maler und Kunsthandwerker auf.
- Er gründete 1861 eine Firma von kunstgewerblichen Werkstätten mit der Vision und dem erklärten Ziel, die Arbeitsteilung soweit wie möglich aufzuheben. - Morris Konzeption war Kunst und Handwerk zusammen wirken zu lassen.
- Die entwerfenden Künstler und ausführenden Arbeiter entsprachen seinen Vorstellungen und waren genau das Gegenteil von der strengen Arbeitsteilung durch rationale Methoden von Produktherstellung. Arbeitsteilung war das gespenstige Prinzip des neuen ökonomischen Systems, dass den Menschen wieder zum Sklaven, zum Roboter machte.
- Er sah die Schönheit bei ganz alltäglichen Dingen, lebte bewusst.
- Der vielseitige Künstler – angetrieben von humanen und ökologischen Impulsen wollte die Gesellschaft verändern. Vorstellung von sozialistischer Gesellschaft, zumindest schriftstellerisch dargelegt, weil sich die Gegensätze in Großbritannien im 19.Jahrhundert extrem darstellten.
- Neben Möbeln, Gläsern, Kacheln wurden seit 1878 die Bildteppiche und Tapeten seiner Firma von Bedeutung. Wirkung besonders auf den Jugendstil.

4.3.1 Gegensätze: Morris´s Mittelalter-Rezeption – Aspekte des Industriezeitalters

- William Morris sah die Gefahren des Industriezeitalters in voller Schärfe.
- Bedeutung hatte für ihn der Dichter der englischen Romantik John Keats. Als Freidenker war er in Auseinandersetzung mit der Wirklichkeit und die Flucht aus dem Alltag in die Welt der Kunst.
- Die reale Welt war voller Elend, Krankheit und Unterdrückung, auch Morris empfand zwei Generationen später das gleiche Grundproblem. Seine Zeilen haben ihn fast prophetisch beeinflusst, weil die Machtverhältnisse im Industriekapitalismus noch extremer wurden und die Dinge ausschließlich nach ihrem Marktwert beurteilt worden.
- Morris versuchte die Realität wieder mit Schönem zu durchdringen. Er wollte keine künstliche abstrakte Kunstwelt schaffen, um der Realität zu entfliehen, sondern die Gegenwart durch schöne Dinge bereichern.
- Er beschränkte sich nicht nur auf die traditionellen Gebiete wie Malen + Literatur, sondern auch das Kunsthandwerk wie Weben und die Architektur.
- Er kritisierte die Unwirtlichkeit der Städte, das Schöne wurde vernachlässigt, die Profitgier war zerstörend und das hatte seelische Auswirkungen auf den Menschen.
- Seine beherrschenden Prinzipien sind Einfallsreichtum, Liebe zur Schönheit, nicht Geldeinnahmen. **Seine Themen:** Häßlichkeit-Schönheit, nutzlose Dinge – Nutzen.
- Ihm ging es – entgegen dem viktorianischen Zeitgeist um Rückführung auf die wahren menschlichen Bedürfnisse und Natürlichkeit der Lebenswelt.
- Für Morris galt die harmonische Einheit von Kunst und Leben des Mittelalters als vorbildlich.
- Morris entstammte einer „zweiten Generation" der Präraffaeliten, einer künstlerischen Richtung, als Bruderschaft 1848 gegründet, in Anlehnung an die Malerei des Mittelalters, um die zunehmend erstarrte englische Kunst zu erneuern. Bruderschaft in Anlehnung und Vorbild an die mittelalterlichern Dombauhütten. Im Jahre 1856/57 kam es zur neuen Gruppierung der Präraffaeliten.
- Präraffaeliten = Vor Raffael, lassen Raffael gelten, machen aber Front gegen das Raffaelische Mal- u. Kunstreglement, dass in Akademien gelehrt wird. Sie predigten Rückkehr zur Natur und Unmittelbarkeit (T.Fontane). Die Kunst bestand in exakter Detailerfassung + typologischer Darstellung in Einklang bzw. Spannungsverhältnis zu bringen und die intendier-

te Aussage zu wahren, um sie für die Betrachter zu entschlüsseln. Die Kunst sollte nicht nur auf oberflächliche Schönheit abzielen, sondern es wurde auch gefordert, dass die Kunst eine tiefere Idee propagiert und Übermittlerin von Ideen ist.
- Besondere Vorliebe war die Typologie = das mittelalterliche System von Symbolbezügen z.b. die typologische Denk- und Gestaltungsweise der wieder entdeckten Blumensprache
- Es ging nicht um die romantische Rückbesinnung an das Mittelalter, sondern um zentrale Themen der Moderne.
- Morris war Vertreter dieses Stil, jedoch mit Abkehr der ursprünglichen Betonung kunsthistorischer und stiltechnischer Kriterien. Er war mittelalterbegeistert, aber die pseudo-mittelalterliche Welt war nur ein Aspekt seiner Kunst.
- Die Mittelalter-Rezeption der Präraffaeliten ist im Kontext der bedeutenden geistigen und kulturgeschichtlichen Strömungen des 19. Jahrhundert wie Oxford Movement, evangelical-Movement und Gothic Revival zu verstehen.
- **Themen der Präraffaeliten** waren die Arbeitswelt. Auch die Emigration ist ein gängiges Thema viktorianischer Kunst als künstlerische Reaktion auf den Fortgang von 15 Millionen Menschen aus dem Vereinigten Königreich. Hauptmotiv der Auswanderer war der Verlust ihrer angestammten Lebensgrundlage als Folge der Industrialisierung. Weitere Themen waren die soziale Frage, Verstädterung, aber auch intime Themen wie Prostitution. Also Motive in die Formsprache des Mittelalters gebracht, um der bürgerlichen Moral etwas entgegen zu setzen. Das gegenwärtige Ziel war die Wiedergewinnung von ethischen und ökonomischen Normen des Mittelalters.
- Und diese Themen wurden durch die Form und den Stil des Mittelalters dargestellt bzw. konnten so überhaupt dargestellt werden, weil es die konservative viktorianische Zeit nicht erlaubte.
- Das Mittelalter bzw. die Verwendung des mittelalterlichen Stils ist eine Ausdrucksform der Moderne und ihrer spezifischen Problemkonstellationen. (Reader: Oexle)

4.4.2 Farbige Glasfenster in Kirchen Englands

- Morris Firma hatte Erfolg mit farbigen Glasfenstern in Kirchen und Kathedralen. (Siehe Punkt 4.2.1 Erneuerung) Anfang des 19. Jh. waren viele Kirchen in einem schlechten Zustand.
- Nach ausgiebigen Reisen nach Nordfrankreich war er voller Bewunderung der großen Kathedralen wie Chartre u.a.
- Es gab ein regelrechtes Restaurierungsprogramm für alte Kirchen. Manches wurde geplündert und zerstört. Und dadurch, dass sich mit der neuen Ausstattung von sakralen Gebäuden u.a. auch Glasfenster gut verdienen ließ, wurde unbedacht Altes zerstört. Es kam zu tief greifenden Veränderungen des mittelalterlichen Bestandes.
- Morris sah die Gefahren der Überrestauration und setzte sich für die Bewahrung des ursprünglichen ein. Jetzt konnte man mit kunstwissenschaftlichen Anspruch die Fenster neu verglasen, Ergänzungen vornehmen und Lücken schließen.
- Er war der Ansicht, dass historische Gebäude nicht nur als Rahmen für die Prestigesucht dienen sollte. Es sollte eine sachgemäße Erhaltung der Kirchen als lebendige Erinnerung und als Vorbilder fungieren in Verbindung mit dem künstlerischen und spirituellen Geist der Gotik.
- Er engagierte sich in einer „Gesellschaft zum Schutz von alten Gebäuden" (SPAB)
- Frage der Tradition: Wenn das „Gesicht" der Tradition rückwärts gewandt ist, kann es zum Stillstand oder Verzögerung von Entwicklung zu Neuen führen, zu Restauration, was aber niemals wieder genauso wie die Vergangenheit war, erlebt wird. Und wenn das „Gesicht" der Tradition für zukünftige Zwecke genutzt wird, kann es zu neuen kulturellen Impulsen,

neuen Gedanken und Erfahrungen führen.
- Er sah den Zusammenhang zwischen entwürdigender Arbeit und Wohnsituation, was sich auch im kläglichen Standard der Architektur widerspiegelte.
- Für seine Firma zog er daher die Konsequenz, keine Aufträge für farbige Glasfenster mehr anzunehmen, es sei denn, es wurden plausible Gründe für den Austausch und Erneuerung der Glasteile angeführt. Er ließ sich nicht vermarkten, konnte es wohl auch, weil er wohlhabend war.
- **Themen seiner Motive:**
waren vorzugsweise Biblische Themen aus dem Neuen Testament entnommen, wie bei spielsweise die Bergpredigt, Paulus in Athen u.a. Beispiel für die Blumensymbolik: auf Ab bild im Studienbrief weiße Rose = Zeichen der jungfräulichen Reinheit und deshalb Blum Christi und Maria zugleich.
- Gründe: Herstellung von Kopien im Zuge der Restauration, detailgetreue Wiedergabe der Vorlagen. Gleichzeitig, aber auch Aussage für die Gegenwart. Die Auftraggeber waren ebenso Geistliche sowie Adlige. Die Prinzipien und Gewohnheiten der neugotisch-dogmatischen Glasmalerei erforderten das Stilbild im gotischen Formen zu malen. Je nach Künstlerhand, wurden auch kleine Veränderungen vorgenommen, manchmal im nicht erwünschten romanischen Stil.
- Für die Figuren standen die Künstler häufig einander Modell.
- Morris Interpretation auf die Haltung der Kirche, äußerte sich auf die Weise, indem er Motive aus dem Neuen Testament in Kirchen darstellte, welche die Rückkehr zum ursprünglichen Evangelium beinhalteten.
- **Das Motiv Engel** stellte den Ruf nach neuer Ernsthaftigkeit in Glaubensfragen in Übereinstimmung mit früheren Traditionen dar.
- Das Motiv Engel gehörte scheinbar zu seinen Lieblingsthemen, denn diese sind mit viel Präzision und außerordentlich feinen Ornamenten verziert, ohne überladen zu wirken.
- Er reformierte geradezu die Glasmalkunst, indem er bzw. die Firma besondere Farbtöne kreierte beispielsweise Gelbtöne.
- Zum Thema **Farbe**: Blau besaß die Dominanz, weil es als Farblicht Tiefenwirkung erreichte. Die Wirkung der Farbe wurde ob nun bewusst o. Unbewusst psychologisch eingesetzt. Blau war deshalb, auch wegen der Farbe des Himmels, häufig Hintergrundfarbe.

5. Fazit

Der Ursprung für die Verwendung von farbigen Glasflächen im Fensterbereich als Erweiterung des Raumes und architektonisches Element war im 12. Jahrhundert die Begeisterung für das Licht als Medium zwischen Himmel und Erde. Der Lichtstrahl als Verbindung zu Gott. Diese Idee entwickelte sich zu einer veränderten Auffassung von sakralen Räumen. Die Motive der Bildfenster wechselten im Laufe der Epoche zwischen 12.- 15. Jahrhundert. Die Wiederentdeckung der alten Glasmalerei um 1800 entwickelte sich zuerst zu Nachahmung und exakter Kopien des Gotikzeitalters. Infolge der Begeisterung der Reformbewegung der Neugotik wurden neue Herstellungstechniken verwendet, um das Antike genau zu imitieren. Das Mystische in Kirchenbauten spielte eine entscheidende Rolle, der Historismus im 19. Jahrhundert legitimierte sich als Stil und Gegenpol zum industriellen Zeitalter als auch zu neuer geschichtlicher Perspektive von Gesellschaft und Politik. Die farbige Glasmalerei schmückte nicht nur Kirchenbauten, sondern Treppenhäuser, Wohnzimmer und öffentliche Gebäude. Wohlstand wurde repräsentiert, aber auch Schönheit im Gegensatz zu immer mehr Häßlichkeit und Lärm der Industrie und Großstadt.
Die Verbindung der geistigen und religiösen Bewegung und Denken wurde in der Kunst ent-

sprochen, aber nicht nur der Kunst willen, sondern, um die Gegenwart zu legitimieren, zu festigen. Im Mittelalter war es die Festigung und das Selbstverständnis des christlichen Glaubens und im 19. Jh. sollte der Glaube wieder fester ins Bewusstsein gelangen. Die Gegenwart mittels anderer Stilformen darzustellen, hatte die Aufgabe zu kritisieren, aber auch die Schönheit der Vergangenheit zu demonstrieren.

Zusätzliche Literatur zu den Kursen:

Assmann, Aleida: Der lange Schatten der Vergangenheit. Erinnerungskultur und Geschichtspolitik, Bonn 2007

Banham, Joanna/Jennifer Harris (Hg.): William Morris and the Middle Ages, Manchester 1984

Bormann von, Alexander (Hg.): Volk – Nation – Europa, zur Romantisierung und Entromantisierung politischer Begriffe in Stiftung für Romantikforschung Band IV, Würzburg 1998

Duby, Georges: Die Zeit der Kathedralen, Kunst und Gesellschaft 980-1420, 1. Auflage 1992, Frankfurt 1980

Ehlert, Trude (Hg.): Zeitkonzeptionen Zeiterfahrung Zeitmessung, Paderborn 1997

Frodl-Kraft, Eva: Die Glasmalerei, Entwicklung Technik Eigenart, Wien u. München 1970

Fuhrmann, Horst: Überall ist Mittelalter, München 1996

Glasmalerei des 19. Jahrhunderts in Deutschland: Katalog zur Ausstellung Angermuseum Erfurt 23. September bis 27. Februar 1994, Erfurt 1994

Hoffmann, Detlef (Hg.): Orte der Erinnerung oder: Wie ist heute sichtbar, was einmal war?, Evangelische Akademie Loccum in: Loccumer Protokolle 18/94, Loccum 1996

Meier, Heinrich: Zur Diagnose der Moderne, München 1990

Kamphausen, Alfred: Gotik ohne Gott, Tübingen 1952

Kirsch, Hans-Christian: William Morris, Leben und Werk – ein Mann gegen die Zeit, Köln 1983

Lottes, Wolfgang: Wie ein goldener Traum. Die Rezeption des Mittelalters in der Kunst der Präraffaeliten, München 1984

Klingenburg, Karl-Heinz (Hg.): Historismus – Aspekte zur Kunst im 19. Jahrhundert, Leipzig 1985

Ohly, Friedrich: Schriften zur mittelalterlichen Bedeutungsforschung, Darmstadt 1977

Puhle; Matthias (Hg.): Aufbruch in die Gotik, der Magdeburger Dom und die späte Stauferzeit, Band II, Katalog zur Landesausstellung Sachsen-Anhalt aus Anlass des 800. Domjubiläums vom 31. August bis zum 6. Dezember 2009 im Kulturhistorischen Museum Magdeburg, Magdeburg 2009

Schmieder, Felicitas: Die mittelalterliche Stadt, 2. Auflage, Darmstadt 2005

Springer, Peter: Das Kölner Dom-Mosaik. Ein Ausstattungsprojekt des Historismus zwischen Mittelalter und Moderne in: Studien zum Kölner Dom Hg. v. Arnold Wolff, Band 3, Köln 1991

BEI GRIN MACHT SICH IHR WISSEN BEZAHLT

- Wir veröffentlichen Ihre Hausarbeit, Bachelor- und Masterarbeit

- Ihr eigenes eBook und Buch - weltweit in allen wichtigen Shops

- Verdienen Sie an jedem Verkauf

Jetzt bei www.GRIN.com hochladen und kostenlos publizieren